KB237280

Aesthetic & Spa English

Aesthetic & Spa English

에스테틱 & 스파 잉글리시

정진성, 허은영, 최나홍, 이유현 지음

■ 도서 A/S 안내

저자 e-mail : heo0319@nate.com

본서 기획자 e-mail : coh@cyber.co.kr(최옥현)

홈페이지 : http://www.cyber.co.kr   전화 : 031) 950-6300

prologue

외국인을 만나서 영어로 이야기를 진행하는 것은 웬만한 경험 없이는 참 어려운 일이다. 이미 알고 있는 단어들이고, 쉽게 알아들을 수 있는 문장들이었음에도 불구하고 머릿속이 하얗게 되어서 아무런 말도 못했던 경험을 가진 분들이라면 영어가 갑자기 두려운 존재로 다가왔을 법하다. 대부분 이러한 상황들은 영어 실력이 없어서도 아니고, 대화 능력이 부족해서도 아니다. 그것은 순전히 경험의 문제이다. 요즘 초등학생들은 외국인 선생님과 교류가 많아 길에서 외국인을 만났을 때 그들은 짧은 영어 실력만으로도 얼마든지 친근하게 대화를 할 수 있다. 만약 단어를 몰라 문장이 완성되지 않을 경우에는 적절한 제스처를 섞어서 대화의 흐름을 이어 간다.

이처럼 영어 학습에서 가장 중요한 것은 '경험의 유무'이다. 따라서 영어를 어느 정도 구사하려면 다양하고 자연스러운 '경험'의 틀을 만들어야 한다. 이를 위해서

첫째, 한국어라는 도피처를 가능한 멀리 떨어뜨려야 한다. 다시 말해서 철저히 한국어를 사용하지 않고 영어로만 생각하고 이야기하는 시간과 공간을 확보해야 한다는 것이다. 물론 한국에서 그러한 공간과 시간을 확보한다는 것은 어렵다. 그러나 진정 영어를 잘 하고자 한다는 의지만 있다면 조금의 시간과 공간이라도 확보할 수 있을 것이다.

둘째, 영어로 생각하는 훈련을 해야 한다. 한국어로 생각한 문장을 다시 영어로 번역하고, 영어를 입 밖으로 끌어내는 과정은 어렵지만 끊임없이 시도하다 보면, 어느날 영어로 생각하는 자신을 발견할 수 있을 것이다.

이 책은 에스테티션으로서 반드시 알아야 할 표현들을 다루되 가급적 쉬운 표현을 다양한 패턴으로 나타내고자 기획되었다. 세계화 시대에 적극적으로 대응할 수 있는 능력은 무엇보다도 영어의 사용 여부에 달려 있다는 것을 우리 모두는 느끼고 알고 있으나, 어떻게 접근해야 할지 몰라 그저 막막해 하고 있다. 저자는 이 책이 세계화를 지향하는 우리 에스테티션들에게 좋은 길잡이가 될 수 있기를 희망하며, 부족한 부분은 독자 여러분들의 질책과 격려를 통해서 보충하고자 한다.

contents

CHAPTER 3. Body treatment

CHAPTER 4. SPA therapy

CHAPTER 5. Nail care

Information

1 Greeting(인사 나누기)

A : Nice to meet you.

B : Nice to meet you too.

A : How are you?

B : I'm fine. How are you?

A : I'm good. Thank you.

A : 만나서 반갑습니다.

B : 저도 만나서 반갑습니다.

A : 어떻게 지내세요?

B : 잘 지내고 있습니다. 어떻게 지내세요?

A : 저도 잘 지내고 있습니다. 고마워요.

Power Expression

1. 안부 묻기

① 일반적으로 : How are you doing?
　　　　　　　How's everything?
　　　　　　　How have you been?
　　　　　　　Is everything all right?
　　　　　　　Is everything okay?
② 비즈니스, 일 : How's business? / How's work?
③ 가족 : How's your family?

2. 대답하기

① I'm fine. Thank you. / I'm good. Thanks. / I'm OK.
② 그냥 그래요(평소와 같아요). : Nothing special.
　　　　　　　　　　　　　　　Same as usual. / About the same.
③ 나쁘지 않아. : Not bad.

3. 오랜만에 만났을 때

① 어떻게 지냈어요? : How have you been?
② 오랜만이에요. : It's been a long time.
　　　　　　　　It's been quite a while.
　　　　　　　　I haven't seen you for a long time.
　　　　　　　　Long time no see.
③ 다시 만나 반가워요. : I'm glad to see you again.
　　　　　　　　　　　It's nice to see you again.
　　　　　　　　　　　It's good to see you again.

4. 헤어질 때 인사 표현들

① 잘 가세요(잘 있어요). : Good-bye. / Bye. / Bye-bye.
② 다시 만나요. : I'll see you later.
　　　　　　　See you (later / soon / then / around / tomorrow).
③ 만나서 반가웠어요. : It was nice meeting you.
④ 몸 조심하세요. : Take care. / Take care of yourself.

2 | Reservation(예약)

A : [1)]Thank you for calling Ananda SPA.
   May I help you?

B : Yes, please.
   [2)]I'd like some information about your programs.

A : Sure. What kind of program do you want to know?
   Facial, body or spa program?

B : I am very interested in the facial program.
   I have some facial problems due to my severley oily skin.

A : Do you have some trouble with blemish?

B : Yes, I'd like to make a reservation.

A : Is it your first time?

B : Yes, it is my first time.

A : When do you want to come?

B : I'd like to make a reservation for March 7th, Tuesday, at 5 o'clock.

A : Okay, so do you want to make an appointment for the program?

B : I want to make an appointment for the facial program only.

A : Do you have a favorite therapist?

B : No, I don't.
   I don't care who it is.

A : Are you coming here alone?

B : No, I am going to go there with my friend.

A : 감사합니다. 아난다 스파입니다.
   무엇을 도와드릴까요?

B : 관리 프로그램을 좀 알고 싶습니다.

A : 알았습니다.
   얼굴과 전신, 스파 가운데 어떤 프로그램의 정보를 원하시나요?

B : 얼굴 관리에 대해 알고 싶어요.
   지성 피부 때문에 얼굴에 문제가 있거든요.

A : 여드름 때문에 고민이신가요?

B : 네, 맞아요. 예약을 할 수 있을까요?

A : 저희 살롱을 처음 방문하시나요?

B : 네, 처음입니다.

A : 언제 방문하시겠습니까?

B : 3월 7일 화요일 5시에 예약을 하고 싶은데요.

A : 알았습니다. 어떤 프로그램으로 예약을 해 드릴까요?

B : 저는 얼굴 관리 프로그램만 예약을 하고 싶습니다.

A : 특별히 원하시는 테라피스트가 있으신가요?

B : 아니요, 어떤 분이든 괜찮습니다.

A : 혼자 방문하실 예정인가요?

B : 아니요, 친구와 함께 갈 예정입니다.

A : May I have your name, please?

B : My name is Julia.

A : Just a minute. I'll check the schedule.
Yes, we can. I put you in for that time.
If you want change it, please call back to this number.

B : Yes, thank you. I'll see you then.

A : I am expecting you soon. Have a nice day.

A : 성함이 어떻게 되세요?

B : 줄리아입니다.

A : 잠시만 기다려 주세요. 제가 일정을 확인하겠습니다.
네, 그 시간에 예약을 할 수 있습니다.
만약에 다른 일정이 생기시면, 이 번호로 전화주세요.

B : 네, 감사합니다. 그때 만나요.

A : 곧 뵙도록 하겠습니다. 좋은 하루 보내세요.

Expression pattern

1) Thank you for~

1. Thank you for coming.	와주셔서 감사합니다.
2. Thank you for your time.	시간을 내주셔서 감사합니다.
3. Thank you for your attention.	경청해주셔서 감사합니다.
4. Thank you for your compliment.	칭찬해주셔서 감사합니다.
5. Thank you for calling Ananda SPA.	아난다 스파입니다.

2) I'd like~

'I would like~'를 줄여 놓은 형태로 '~을 하고 싶다'를 표현할 때 가장 많이 사용된다. 같은 뜻으로 'I want'나 'like' 등이 사용될 수 있다. 'I'd like+명사' 또는 'I'd like+to+동사원형'의 형태로 사용된다.

1. I'd like the chicken salad.	치킨 샐러드 주세요.
2. I'd like two twin rooms, please.	트윈 침대가 있는 방 둘을 주십시오.
3. I'd like you to answer two more questions for our audience.	관중을 위해 두 가지 질문에 더 답해주시기 바랍니다.

Words

시간, 요일, 날짜 등을 표현하는 다양한 방법이다. 꼭 필요한 표현들이므로 숙지할 수 있도록 반복 연습이 필요하다.

〈시각〉

1:00	One o'clock
7:05	Seven, o-five
8:10	Eight, ten
2:15	Two, fifteen / a quarter past two
3:20	Three, twenty
4:30	Four, thirty / half past four
5:45	Five, forty-five / a quarter to six
6:53	Six, fifty-three

〈수〉

기 수		서 수		기 수		서 수	
1	one	1	first	18	eighteen	18	eighteenth
2	two	2	second	19	nineteen	19	nineteenth
3	three	3	third	20	twenty	20	twentieth
4	four	4	fourth	21	twenty-one	21	twenty-first
5	five	5	fifth	22	twenty-two	22	twenty-second
6	six	6	sixth	23	twenty-three	23	twenty-third
7	seven	7	seventh	24	twenty-four	24	twenty-fourth
8	eight	8	eighth	25	twenty-five	25	twenty-fifth
9	nine	9	ninth	26	twenty-six	26	twenty-sixth
10	ten	10	tenth	27	twenty-seven	27	twenty-seventh
11	eleven	11	eleventh	28	twenty-eight	28	twenty-eighth
12	twelve	12	twelfth	29	twenty-nine	29	twenty-ninth
13	thirteen	13	thirteenth	30	thirty	30	thirtieth
14	fourteen	14	fourteenth	31	thirty-one	31	thirty-first
15	fifteen	15	fifteenth	32	thirty-two	32	thirty-second
16	sixteen	16	sixteenth	33	thirty-three	33	thirty-third
17	seventeen	17	seventeenth	34	thirty-four	34	thirty-fourth

기 수		서 수		기 수		서 수	
35	thirty-five	35	thirty-fifth	67	sixty-seven	67	sixty-seventh
36	thirty-six	36	thirty-sixth	68	sixty-eight	68	sixty-eighth
37	thirty-seven	37	thirty-seventh	69	sixty-nine	69	sixty-ninth
38	thirty-eight	38	thirty-eighth	70	seventy	70	seventieth
39	thirty-nine	39	thirty-ninth	71	seventy-one	71	seventy-first
40	forty	40	fortieth	72	seventy-two	72	seventy-second
41	forty-one	41	forty-first	73	seventy-three	73	seventy-third
42	forty-two	42	forty-second	74	seventy-four	74	seventy-fourth
43	forty-three	43	forty-third	75	seventy-five	75	seventy-fifth
44	forty-four	44	forty-fourth	76	seventy-six	76	seventy-sixth
45	forty-five	45	forty-fifth	77	seventy-seven	77	seventy-seventh
46	forty-six	46	forty-sixth	78	seventy-eight	78	seventy-eighth
47	forty-seven	47	forty-seventh	79	seventy-nine	79	seventy-ninth
48	forty-eight	48	forty-eighth	80	eighty	80	eightieth
49	forty-nine	49	forty-ninth	81	eighty-one	81	eighty-first
50	fifty	50	fiftieth	82	eighty-two	82	eighty-second
51	fifty-one	51	fifty-first	83	eighty-three	83	eighty-third
52	fifty-two	52	fifty-second	84	eighty-four	84	eighty-fourth
53	fifty-three	53	fifty-third	85	eighty-five	85	eighty-fifth
54	fifty-four	54	fifty-fourth	86	eighty-six	86	eighty-sixth
55	fifty-five	55	fifty-fifth	87	eighty-seven	87	eighty-seventh
56	fifty-six	56	fifty-sixth	88	eighty-eight	88	eighty-eighth
57	fifty-seven	57	fifty-seventh	89	eighty-nine	89	eighty-ninth
58	fifty-eight	58	fifty-eighth	90	ninety	90	ninetieth
59	fifty-nine	59	fifty-ninth	91	ninety-one	91	ninety-first
60	sixty	60	sixtieth	92	ninety-two	92	ninety-second
61	sixty-one	61	sixty-first	93	ninety-three	93	ninety-third
62	sixty-two	62	sixty-second	94	ninety-four	94	ninety-fourth
63	sixty-three	63	sixty-third	95	ninety-five	95	ninety-fifth
64	sixty-four	64	sixty-fourth	96	ninety-six	96	ninety-sixth
65	sixty-five	65	sixty-fifth	97	ninety-seven	97	ninety-seventh
66	sixty-six	66	sixty-sixth	98	ninety-eight	98	ninety-eighth

기 수	서 수	기 수	서 수
99　ninety-nine	99　ninety-ninth	100,000　hundred thousand	100,000　hundred thousandth
100　one hundred	100　one hundredth	1,000,000　one million	1,000,000　one millionth
1,000　one thousand	1,000　one thousandth	1,000,000,000　one billion	1,000,000,000　one billionth
10,000　ten thousand	10,000　ten thousandth		

〈월〉

1월	January	7월	July
2월	February	8월	August
3월	March	9월	September
4월	April	10월	October
5월	May	11월	November
6월	June	12월	December

〈요일〉

월요일	Monday
화요일	Tuesday
수요일	Wednesday
목요일	Thursday
금요일	Friday
토요일	Saturday
일요일	Sunday

2-1. Case of confirm(예약 확인)

A : Can I check my reservation?
 [1)]I'm sure that I made a reservation, but I forgot the time.

B : Sure, I will check it for you.
 Can I have your name?

A : I am Amanda Smith. I am sorry for bothering you.

B : That's ok. Your reservation is at 6:30 PM, tomorrow.

A : [2)]I really appreciate your kindness.

B : You're welcome. See you then.

A : Good-bye.

A : 제 예약을 확인할 수 있을까요?
 제가 예약을 한 것은 확실한데, 시간을 기억하지 못하겠습니다.

B : 네, 확인해 드리겠습니다.
 이름을 알려주시겠어요?

A : 저는 아만다 스미스입니다. 귀찮게 해서 미안합니다.

B : 괜찮습니다. 내일 오후 6시 30분에 예약하셨습니다.

A : 친절하게 해주셔서 정말 감사합니다.

B : 별 말씀을요. 그럼 그때 뵙겠습니다.

A : 안녕히 계세요.

Expression pattern

1) I am sure~

Sure는 '확실한', '확신하는'의 뜻으로 'I am sure' 다음에 'of+명사(동명사)'가 오면 '~을 확신한다'의 의미이고, 'sure about+명사'는 '~에 대해서 확신하다'의 의미를 갖는다. To be sure, for sure는 '확실히', '분명히'라는 의미로 사용된다.

1. I am sure that I made a reservation.   예약을 했다고 확신한다.
2. I am sure that she will come on time.   그녀가 정시에 올 것을 확신한다.
3. I am sure about her promise.   그녀의 약속에 대해서 확신한다.

2) I appreciate~

Appreciate는 원래 '진가를 알다, 가치를 인정하다'의 의미로 상대의 호의나 배려에 감사를 표시할 때 쓰인다. 따라서 thank 다음에는 감사해야 할 대상자가 나오지만, appreciate 다음에는 대상자의 호의, 배려 등의 행위가 나오는 것이 일반적이다.

1. I appreciate your help.   도와주셔서 감사합니다.
2. I appreciate your concern.   신경 써주셔서 감사합니다.
3. I greatly appreciate your kindness.   친절에 대단히 감사합니다.

2-2. Case of cancel(예약 취소)

A : Can I cancel my reservation?

B : Sure. What's your name?

A : My name is Debby. I'm sorry for the cancelation.

B : When did you schedule a reservation?

A : I made a reservation yesterday.

B : [1)]Would you like to make a reservation another day(time)?

A : I'll call again after when I know the exact time.

B : Please, call us anytime.

A : 예약을 취소해도 될까요?

B : 물론입니다. 성함을 말씀해주시겠어요?

A : 제 이름은 데비입니다. 취소해서 미안합니다.

B : 언제 예약 일정을 잡으셨나요?

A : 어제 예약을 했습니다.

B : 다른 날(시간)에 예약하시겠습니까?

A : 정확한 시간을 알게 되면 다시 전화 드리겠습니다.

B : 언제든지 전화주세요.

Expression pattern

1) Is there~?

  1. Is manager there?   매니저님 있습니까?

  2. Is there any possible way to change my reservation?   제 예약을 바꿀 수 있는 방법이 있을까요?

2) Would you like to~

'Would you like to~'는 상대방에게 정중하게 권유나 제안을 할 때 많이 사용되는 표현으로 'Would you like to+동사원형 또는 명사'의 형태로 사용된다.

  1. Would you like to make a reservation?   예약을 하시겠습니까?

  2. Would you like to drink a cup of coffee, while you are waiting?   기다리시는 동안 커피 한잔하시겠습니까?

  3. Would you like to try some other program of ours?   몇몇 다른 프로그램을 체험해보시겠습니까?

3) I am sorry for~

  1. I am sorry for cancel my reservation.   예약을 취소해서 미안합니다.

  2. I am sorry for being late.   늦어서 죄송합니다.

  3. I am sorry for waiting.   기다리게 해서 죄송합니다.

Power Expression

1. Yes, it is (my) first time.
   No, this is second time.
   Well, I came (here/there) couple of times before.

2. When do you want to come in?
   When would you like to schedule a reservation?

3. I'd like to make a reservation for on March 7th, Tuesday at 5 o'clock.
   Is tonight possible?
   I'd like to schedule an appointment for Friday night.
   Is this Wednesday possible?

4. Are you coming here alone?
   How many are in your party?
   How many people come here with you?

5. Yes, we can. I will see you then.
   I'm sorry. Our reservations are already full.

6. What's your name?
   Can you give me your name?
   Could you tell me your name?
   May I have your name?
   Can I take your name?

1. 예, 처음입니다.
   아니요, 두 번째입니다.
   (이곳/그곳)에 몇 번 온 적이 있습니다.

2. 언제 오실 예정인가요?
   언제 예약하시겠습니까?

3. 3월 7일 화요일 5시에 예약하고 싶습니다.

   오늘밤 가능한가요?
   금요일 밤에 예약하고 싶습니다.

   금주 수요일에 가능한가요?

4. 혼자 오시나요?
   몇 분이 오시나요?
   함께 오시는 분이 몇 분이신가요?

5. (예약이) 네, 가능합니다. 그때 뵙도록 하겠습니다.
   죄송합니다. 예약이 모두 찼습니다.

6. 성함을 말씀해주시겠어요?

3 Directions(길 안내)

A : ¹⁾How can I get there?

B : ²⁾Could you tell me where you are now?

A : I'm in Apgujung.

B : How will you come here?

A : ³⁾I will get there by subway.
　　Which station is the nearest one to your salon?

B : Shin-sa station is the closest one.
　　When you get out of the exit number 7, you can find a big building with the sign of our salon after 5 minutes of walking.
　　You can't miss it.

A : Thank you so much for your kindness

B : It's my pleasure.
　　I hope to see you soon.

A : Bye-bye.

B : Bye.

A : 그곳에 가려면 어떻게 해야 하나요?

B : 현재 계신 곳이 어딘지 말씀해주시겠어요?

A : 압구정에 있습니다.

B : 무엇을 타고 오시겠습니까?

A : 지하철을 타고 갈 겁니다.
　　어떤 역이 살롱에서 가깝죠?

B : 신사역이 제일 가깝습니다.
　　7번 출구로 나와서, 5분 정도 걸으시면 저희 살롱의 간판이 있는 큰 빌딩을 찾을 수 있으실 겁니다.

　　지나치지 않으실 거예요.

A : 친절하게 알려주셔서 감사합니다.

B : 아닙니다.
　　곧 뵙겠습니다.

A : 안녕히 계세요.

B : 안녕히 계세요.

Expression pattern

1) as+원급(형용사+부사)+as … : …만큼 ~한

He is as handsome as Jack.   그는 Jack만큼 잘 생겼다.

2) 비교급

- than+(−er) : ~보다 더 ~한

  My boyfriend is younger than I.   나의 남자친구는 나보다 나이가 어리다.
- 2, 3음절 이상의 형용사와 부사에는 'than −er' 형태가 아닌, 'more+형용사/부사'의 형태로 사용한다.

3) the+최상급 : 가장 ~한

- My father is the nicest man in the world.   나의 아버지는 세상에서 가장 멋진 남자입니다.
- 2, 3음절 이상의 형용사와 부사에는 'the −est' 형태가 아닌, 'most+형용사/부사'의 형태로 사용한다.

〈규칙변화〉	〈불규칙변화〉
• long−longer−longest • hot−hotter−hottest • happy−happier−happiest	• good−better−best • many−more−most • difficult−more difficult−most difficult

more, the most를 쓰는 단어들	beautiful, famous, interest, popular, different, difficult

4) How can I~?

- 'How can I~?' 구문을 직역하면, '내가 어떻게 ~ 할 수 있을까요?'나 '내가 어떻게 하면 ~ 할 수 있을까요?'의 의미로 사용하는 표현이다.
- 'get to'는 '(목적지에) 도착하다'의 뜻이며, 'get out of~'는 '~에서 나가다', '종료하다'의 의미를 갖는다.

1. How can I get there?   그곳에 가려면 어떻게 해야 하나요?
2. How can I park the car?   주차하려면 어떻게 해야 하나요?
3. How can I make a reservation?   예약하려면 어떻게 해야 하나요?

5) Could you~?

'Could you~'는 상대방에게 정중하게 권유나 제안을 할 때 많이 사용되는 표현으로 'Could you like to+동사원형 또는 명사'의 형태로 사용된다.

1. Could you tell me where you are?   지금 계시는 곳을 말씀해주시겠어요?

2. Could you tell me where it is?   그것이 어디에 있는지 알려주시겠어요?

3. Could you tell me about spa program?   SPA 프로그램에 대해 이야기해주시겠어요?

6) I will get~

'I will get~'은 '내가 ~할게요'의 의미이나, 'get'의 다양한 뜻에 따라 의미에서 다소 차이가 있을 수 있다. Get의 기본적인 의미인 '얻다', '획득하다'에서 '주다', '받다', '하게 하다'까지 문맥에 따라 다양한 의미를 내포할 수 있다.

1. I will get there by subway.   그곳까지 지하철을 타고 가겠습니다.

2. I will get there by taxi.   그곳까지 택시를 타고 가겠습니다.

3. I will get there by train.   그곳까지 기차를 타고 가겠습니다.

Power Expression

1. Could you tell me where your house is?
   Would you please give me the directions?

   1. 댁이 어디신가요?
      길 좀 알려주시겠어요?

2. How will you get here?
   How do you plan to get here?
   How do I get there?

   2. 이곳에 어떻게 오시겠어요?
      이곳에 어떻게 올 예정이신가요?
      그곳에 어떻게 갈 수 있을까요?

3. Take a subway and get off at Shin-sa station.
   You can take bus No.9 or No.326.

   3. 지하철을 타고 신사역에서 내리세요.
      9번 또는 326번 버스를 타세요.

4. It is too complicated. Is there any other way?
   It's too difficult. Do you know other way?

   4. 너무 복잡해요. 다른 방법 없나요?
      너무 어려워요. 다른 길 없나요?

Words

- left : 좌
- right : 우
- side / next to : 옆
- front / ahead : 앞
- back / behind : 뒤
- turn : 돌다
- the opposite side the other side : 맞은편
- U-turn : 유턴
- intersection : 교차로
- in front of : 앞에
- sideway / lane / alley : 골목

4 Business hours(영업시간)

4-1. Opening hour(영업 시작 시각)

A : [1]What time do you open the salon?

B : We open at 10 o'clock in the morning.
And you can get a treatment on time if you make a reservation.

A : Okay, I see.

A : 몇 시에 살롱을 여시나요?

B : 오전 10시에 엽니다.
그리고 예약을 하시면 제때 관리를 받으실 수 있어요.

A : 알았습니다.

4-2. Closing hour(영업 종료 시각)

A : What time do you close the salon?

B : We close at 9 PM.
[2]You have to arrive here by at least 7 o'clock to have a treatment.
And you should make a reservation before you come.

A : 언제 살롱 문을 닫나요?

B : 오후 9시에 닫습니다.
관리를 받으시려면, 적어도 오후 7시에는 도착하셔야 합니다.
그리고, 오시기 전에 예약을 하셔야 합니다.

4-3. Lunch time(점심시간)

A : [3]Is it possible to get a treatment at lunch time?
Do you have any special programs for lunch time?

B : Yes, we have.
Our lunch program is for 12 PM to 2 PM.
Do you want to make a reservation?

A : [4]I'm going to go there 12:30 PM.
How long it will take to have the facial?

B : This is one hour's speed program for lunch time.

A : 점심시간에 관리를 받을 수 있나요?
점심시간을 위한 특별 프로그램이 있나요?

B : 예, 있습니다.
저희 점심시간 프로그램은 정오부터 오후 2시까지입니다.
예약하시겠습니까?

A : 오후 12시 30분까지 가겠습니다.
얼굴 관리는 시간이 얼마나 걸리나요?

B : 점심시간을 위한 한 시간짜리 스피드 프로그램이 있습니다.

A : May I make a reservation for two persons?

B : [5)]Let me check, you can make a book right now.
    May I have your name please?

A : Sure. My name is Susan.

B : Oh, Ms. Susan. [6)]I am glad to talk with you.

A : I am glad too.

A : 두 명 예약해도 될까요?

B : 확인해보겠습니다. 지금 예약하실 수 있습니다.
    이름을 말씀해주세요.

A : 네, 제 이름은 수잔입니다.

B : 수잔 씨. 반갑습니다.

A : 저도 반갑습니다.

Expression pattern

1) What time~

1. What time do you open the salon?	몇 시에 살롱을 여나요?
2. What time do you close the salon?	몇 시에 살롱을 닫나요?
3. What time do you have lunch break?	점심시간이 몇 시인가요?

2) You have to~

'You have to~'는 '당신이 ~해야만 한다'의 뜻으로 상대방이 해야 할 일을 강조할 때 사용하는 표현이다. 여기에서 have는 조동사로 사용되어 당연 의무의 의미를 함축하고 있다.

1. You have to arrive here at least at 7 o'clock.	적어도 7시에는 여기에 도착해야 합니다.
2. You have to make a reservation before you come here.	오시기 전에 먼저 예약을 해야 합니다.

3) Is it possible to~

'Is it possible to~'는 직역하면 '~하는 것이 가능할까요?'의 의미로, '~할 수 있을까요?'라고 가능성을 물을 때 사용된다.

1. Is it possible to make a reservation at 7 PM tomorrow?	내일 저녁 7시에 예약하는 것이 가능할까요?
2. Is it possible to have a program during lunch time?	점심시간 중에 관리를 받을 수 있을까요?
3. Is it possible to pick specific therapist?	원하는 테라피스트를 말해도 될까요?

4) I am going to~

'I am going to~'는 가까운 시일 내에 '~을 할 예정이다'라는 의미로 미래형으로 나타낼 때 사용하는 표현이다.

1. I am going to go there at noon.	정오에 그곳으로 갈 예정입니다.

2. I am going to make a reservation.   예약을 할 예정입니다.

3. I am going to have the body treatment program.   전신 관리 프로그램을 받을 예정입니다.

5) Let me check~

'Let me check~'를 직역하면 '나에게 ~을 확인할 수 있도록 해주세요.'라고 해석할 수 있으며, '내가 ~을 확인(점검)해 볼게요'로 적극적으로 해석할 수 있다.

1. Let me check the schedule.   스케줄 확인해볼게요.

2. Let me check your reservation.   예약을 확인해볼게요.

3. Let me check it for you.   확인해보겠습니다.

6) I am glad~

'I am glad~' 다음에는 부정사(to+동사원형), that절이 오는 경우가 대부분이며 that은 생략되기도 한다. 간혹 glad 다음에 of+명사(동명사)가 오는 경우도 있고, 단독으로 사용되어 'Whew, I am glad(휴, 다행이다).'라는 의미로 사용되기도 한다.

1. I am glad to meet you.   만나서 반갑습니다.

2. I am glad to hear that news.   그 소식을 듣게 되어 기뻐요.

3. I am glad that I found this lotion.   이 로션을 찾아서 기쁘다.

Power Expression

1. We close every Sunday.   1. 매주 일요일 휴무입니다.

2. We extend working hours till 10 PM every Friday.   2. 매주 금요일에는 밤 10시까지 일합니다.

3. We work from Monday to Saturday every week.   3. 매주 월요일부터 토요일까지 근무합니다.

4. Working hours are from 10 AM to 7 PM.   4. 오전 10시부터 오후 7시까지 근무합니다.

5 Reception(안내)

5-1. Customer with reservation(예약이 된 경우)

A : Hi, I was waiting for you.
Today you look so good.
You came in little bit early.

B : There wasn't any traffic today.

A : Do you work around here?

B : Yes, I do.

A : I will set up right now.
1)Please, come this way to the fitting room.

A : 안녕하세요, 기다리고 있었어요.
오늘 아주 좋아 보이네요.
약간 일찍 오셨네요.

B : 오늘은 차가 밀리지 않았어요.

A : 이곳 주변에서 일하세요?

B : 네.

A : 바로 준비해 드릴게요.
이쪽 탈의실로 오세요.

5-2. Customer without reservation(예약이 안 된 경우)

A : Hello, welcome to our salon.
Did you make a reservation?

B : Yes, I did.
No, I didn't, but can I start the treatment right now?

A : 2)What kind of program do you want?

B : I want to take the facial program.

A : Do you want to get your program with the same therapist?

B : Yes, I want to her.

A : I'm sorry. Already she has a reservation.

B : 3)When can I take it from her?

A : How about the 4:30?

B : Okay. I can get it at that time.

A : See you. Have a nice day.

A : 어서 오세요, 저희 살롱에 오신 걸 환영합니다.
예약은 하셨나요?

B : 네, 했습니다.
아니요, 하지만 지금 바로 관리 받을 수 있을까요?

A : 어떤 프로그램으로 관리 받으시겠어요?

B : 얼굴 관리 프로그램을 받고 싶습니다.

A : 같은 테라피스트에게 관리 받으시겠어요?

B : 네, 그렇게 하겠습니다.

A : 죄송합니다. 그녀는 이미 예약되어 있네요.

B : 그럼, 언제 그녀에게 관리 받을 수 있을까요?

A : 4시 30분은 어떠세요?

B : 좋아요, 그때 오죠.

A : 그때 뵙겠습니다. 좋은 하루 보내세요.

5-3. Customer accompany with partner or friend(동반자가 있는 경우)

A : You've got here on time.

B : This is my friend, Jane.

A : Hi, nice to meet you.
   4)Have you ever been to any other salon before?

C : Yes, but I would like to try here.

A : Oh, good. You came to the right place.

A : 제시간에 오셨네요.

B : 여기는 제 친구 제인입니다.

A : 안녕하세요, 만나서 반가워요.
   다른 살롱에 다닌 적이 있나요?

C : 네, 하지만 이곳에서 관리 받아보고 싶어요.

A : 오, 좋아요. 제대로 오셨어요.

Expression pattern

1) Come this way~

1. Please, come this way.	이쪽으로 오세요.
2. Please, follow me.	저를 따라 오세요.
3. Could you come this way?	이쪽으로 오시겠어요?
4. Would you come this way?	이쪽으로 오시죠.
5. You can come this way.	이쪽으로 오세요.

2) What kind of~?

1. What kind of program do you want?	어떤 종류의 프로그램을 원하시나요?
2. What kind of program do you suggest?	어떤 종류의 프로그램을 추천하시나요?
3. What kind of tea do you want?	어떤 종류의 차를 원하시나요?

3) When can I~?

'When can I~?'는 '내가 언제 ~을 할 수 있는지'를 물어볼 때 사용하는 표현이다.

1. When can I take from her?	제가 언제 그녀에게 관리 받을 수 있을까요?
2. When can I come in?	제가 언제 들어갈 수 있을까요?

4) Have you ever~?

'Have you ever ~?'는 '~을 해본 경험이 있어요?'의 의미로 현재완료 중에서 경험을 나타내는 의문문이다. ever나 before 와 같은 부사를 써서 강조를 나타낸다.

1. Have you ever been any other salon before?   다른 살롱에 가 보신 적이 있나요?
2. Have you ever try facial program?   얼굴 관리를 받아 보신 적이 있나요?

Power Expression

1. I will set up right now. Come this way, please.	1. 바로 준비하도록 하겠습니다. 이쪽으로 오세요.
2. Please, come this way to the fitting room. I'll show you the way. Follow me, please.	2. 이쪽 탈의실로 오세요. 길 안내해 드리겠습니다. 저를 따라오세요.
3. Oh, good. You came to the right place. Good place. You made a good choice.	3. 잘하셨습니다. 제대로 오신 거예요. 좋은 곳이군요. 탁월한 선택이십니다.

Words

- **Mr.** : 일반적으로 남성 고객의 이름 앞에 붙인다.
- **Ms.** : 과거에는 기혼 여성과 미혼 여성을 구분하여 Mrs.와 Miss를 구분하여 사용하였으나, 최근 들어 여성의 지위가 향상 됨으로써 차별을 없애기 위해 Ms.라는 표현으로 대체하여 사용하고 있다.
  따라서 Mrs.나 Miss를 사용하는 것은 여성 고객에게 결례가 될 수 있으니 사용을 지양해야 한다.
- **Sir** : 손님에 대한 극존칭을 하기 위하여 사용한다.
- **Ma'am** : 중년 이상의 여성 고객을 호칭할 때 주로 사용한다.

6 Tea service(차 응대)

6-1. Situation for the waiting customer(기다리는 고객 응대)

A : Would you be able to wait?

B : Sure, no problem.

A : Thank you. [1)]Take a seat, please.

B : How long should I wait?

A : It will take about 5 minutes. Is that okay for you?

B : Yes, that's fine.

A : 잠시 기다려 주시겠습니까?

B : 네, 알았습니다.

A : 잠시만 앉아 계세요.

B : 얼마나 기다려야 할까요?

A : 5분 정도면 될 것 같습니다. 괜찮으시겠어요?

B : 네, 괜찮습니다.

6-2. Situation before treatment(관리 전 응대)

A : How are you? Please, come in.
 Would you take a sit over here?
 Would you like some drink?
 Which kind of tea do you want, hot or cold?

B : I want some hot tea.

A : I'll prepare herb tea.

B : Thank you. I like herb tea.

A : Here you are.

A : 안녕하세요? 들어오세요.
 이쪽에 앉으시겠어요?
 마실 것 좀 드릴까요?
 따뜻한 차를 드릴까요, 시원한 차를 드릴까요?

B : 따뜻한 차로 주세요.

A : 허브차로 준비하겠습니다.

B : 감사합니다. 제가 허브차를 좋아해요.

A : 차 여기 있습니다.

6-3. Situation after treatment(관리 후 응대)

A : [2)]Do you want one more tea?

B : Thank you. May I take after change the clothes?

A : Where do you want to take a tea?

B : [3)]I want to take a tea at terrace.

A : 차 한잔 더 하시겠어요?

B : 감사합니다. 옷을 갈아입고 나서 마셔도 될까요?

A : 어디서 차를 드시겠습니까?

B : 테라스에서 마시겠습니다.

Expression pattern

1) Take a seat

1. Have your seat.   앉아주세요.
2. Sit down, please. 앉아주세요.

2) Do you want~?

1. Do you want some hot coffee?   따뜻한 커피 마시겠습니까?
2. Do you want cold drink?   시원한 음료 마시겠습니까?
3. Do you want make a reservation?   예약하시겠습니까?

3) I want to~

'want to~'는 '~하고 싶다'의 뜻으로 일상생활에서 가장 많이 사용되는 표현이다. 미국에서는 보통 wanna로 발음하며, 'want to+동사원형'의 형태로 사용된다.

1. I want to take a tea at terrace.   테라스에서 차를 마시고 싶어요.
2. I want to make a reservation.   예약을 하고 싶어요.
3. I want to take a shower before I have a treatment.   관리 받기 전에 샤워를 하고 싶습니다.

Words

- green tea : 녹차
- herb tea : 허브차
- coffee : 커피
- water : 물
- ice water : 얼음물
- orange juice : 오렌지 주스
- soft drink : 탄산음료
- cookie : 쿠키
- snack : 스낵
- candy : 사탕
- chocolate : 초콜릿

7 Program Consulting(프로그램 상담)

A : Could you fill out this form?

B : Yes, sure.

A : Can I ask some questions?
   Do you exercise regularly?

B : Yes, I do.

A : [1)]How often do you exercise?

B : Everyday.

A : Do you take any medicine?

B : No, I don't.

A : Nowadays do you have any high stress?

B : No, I don't.

A : [2)]How long do you sleep?

B : I usually sleep for 6 hours.

A : Do you have any special allergy or trouble with cosmetics?

B : No, I don't.

A : I'm going to prepare your special treatment.
   Would you wait a moment?

B : Yes, I can be here.

A : I'm going to call back after 2 minutes.

A : 고객카드 작성을 부탁드리겠습니다.

B : 알았습니다.

A : 몇 가지 질문을 해도 될까요?
   운동을 규칙적으로 하시나요?

B : 네, 합니다.

A : 얼마나 자주 운동을 하시나요?

B : 매일 합니다.

A : 복용하시는 약이 있나요?

B : 아니요, 없습니다.

A : 요즘 스트레스를 심하게 받는 편이신가요?

B : 아니요, 그렇지 않습니다.

A : 하루에 얼마나 주무시나요?

B : 보통 6시간 정도 잡니다.

A : 화장품 사용할 때 알레르기나 트러블이 있으신가요?

B : 아니요, 없습니다.

A : 특별 관리를 위해 준비하겠습니다.
   잠시 기다려 주시겠어요?

B : 네, 여기에 있겠습니다.

A : 2분 후에 다시 오겠습니다.

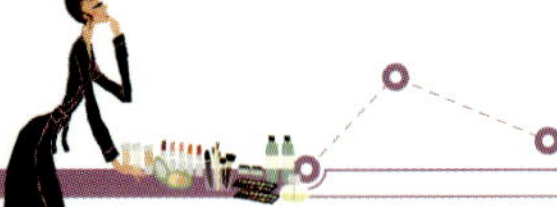

Expression pattern

1) How often~

'How often~?'은 '얼마나 자주 ~ 하세요?'의 의미로 often이라는 (빈도)부사를 사용하여 묻는 문형이다. 'How often' 다음에 조동사나 be동사를 사용하여 상황에 따라 다양하게 표현할 수 있다.

1. How often do you exercise?	얼마나 자주 운동을 하시나요?
2. How often do you take a massage?	얼마나 자주 마사지를 받으세요?
3. How often do you drink coffee?	얼마나 자주 커피를 마시나요?

2) How long~

'How long~'은 (시간, 길이)가 얼마인지 물을 때 사용하는 표현이다. 'How far~'와 명확히 구분되는 표현이므로 사용에 주의하여야 한다.

1. How long take sleep a day?	하루에 얼마나 잠을 자나요?
2. How long do you exercise a day?	하루에 얼마나 운동을 하나요?
3. How long does it take from your home to here?	당신의 집에서 여기까지 얼마나 걸리나요?

7. Program consulting(프로그램 상담)

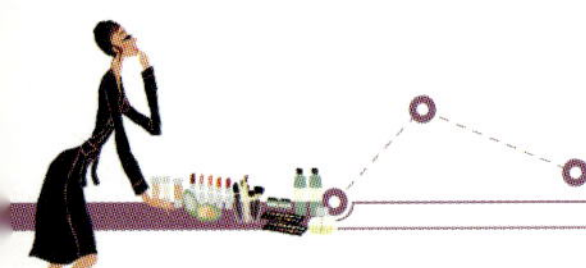

Skin analysis of ANADA Salon

Name.	Address.		
Date of Birth.	Cell phone.	Occupation.	

<table>
<tr><td colspan="4" align="center">Disease</td></tr>
<tr>
<td>Heart disease ☐
Diabete ☐
Pregnancy ☐</td>
<td>Thyroid Gland ☐
Epilepsy ☐
Drug ☐</td>
<td>High blood Pressure ☐
Operation ☐
→ etc.</td>
<td>Allergy ☐
→ air ☐ flower ☐ perform ☐
Etc.</td>
</tr>
</table>

<table>
<tr><td colspan="8" align="center">Condition</td></tr>
<tr>
<td>Skin texture</td><td>Fine ☐ Normal ☐ Bad ☐</td>
<td>Skin elasticity</td><td>Fine ☐ Normal ☐ Bad ☐</td>
</tr>
<tr>
<td>Skin moisture</td><td>High ☐ Normal ☐ Low ☐</td>
<td>Skin sensitive</td><td>Normal ☐ Sensitive ☐ More sensitive ☐</td>
</tr>
<tr>
<td>Sebum</td><td>Plenty ☐ Normal ☐ Empty ☐</td>
<td>Skin wrinkle</td><td>Face wrinkle ☐ Expression wrinkle ☐ aging wrinkle ☐</td>
</tr>
<tr>
<td>Pore size</td><td>Big ☐ Normal ☐ Small ☐</td>
<td>UV sensitive</td><td>I ☐ II ☐ III ☐ IV ☐ V ☐</td>
</tr>
<tr>
<td>Blood circulation</td><td>Fine ☐ Normal ☐ Bad ☐</td>
<td>Skin condition</td><td>Fine ☐ Normal ☐ Bad ☐</td>
</tr>
<tr>
<td>Pigment</td><td>Plenty ☐ Normal ☐ Empty ☐</td>
<td>Skin type</td><td>Normal ☐ Dry ☐ Oily Complex ☐</td>
</tr>
</table>

		Treatment Record	
Date	Area	Treatment	Fee & Sign
			Fee
			Signature
			Fee
			Signature
			Fee
			Signature

Skin analysis of ANADA Salon

Item	Type								
Cleaninsing	Lotion	☐	Cream	☐	Oil	☐	Foam	☐	
Deep cleansing	Scrub	☐	Enzyme	☐	Gommage	☐	A.H.A.	☐	
Manual Technique	Oil	☐	Cream	☐					
	Swedish	☐	Korean style masage	☐		Lymph	☐	etc	☐
Mask	Cream	☐	Gel	☐	Cooling	☐	Heating	☐	etc ☐
Cosmetic	Eye cream	☐	Ample	☐	Serum ☐	Lotion ☐	Cream ☐		
	Sun block	☐	Hand cream	☐	Body cream ☐				

Home treatment advice

	Day	Night	Weekly	Main Ingredients
Point Make-up cleansing				
Cleansing				
Deep cleansing				
Toner / Lotion				
Moisturizer − Face				
Moisturizer − Eye				
Moisturizer − Neck				
Special cream				
Mask − Face				
Mask − Eye				
Mask − Neck				
Sun block				

8   At the fitting room(탈의실에서)

8-1. Situation before treatment(관리 전 상황)

A : I'll show you the fitting room.
You can use a locker No. 5.
Please, take off all jewelr and hairpins.
Our locker room has four numbers for safety.
It will be closed automatically after putting in the four numbers.
You can use the jewelry case for jewelries and other precious items.
Take off all your clothes but leave on your underwear and change into a gown.

B : Okay.

A : I'll keep your key.

A : 탈의실로 안내해 드리겠습니다.
5번 옷장을 사용하실 수 있습니다.
모든 장신구와 머리핀은 빼주세요.
옷장은 네 자리의 비밀번호로 되어 있습니다.
네 자리 번호를 누르시면 자동으로 잠깁니다.

장신구나 다른 귀중품들은 보석함에 보관하실 수 있습니다.
속옷만 제외하고 모두 탈의하신 후 가운으로 갈아입어 주세요.

B : 알았습니다.

A : 열쇠는 제가 보관하겠습니다.

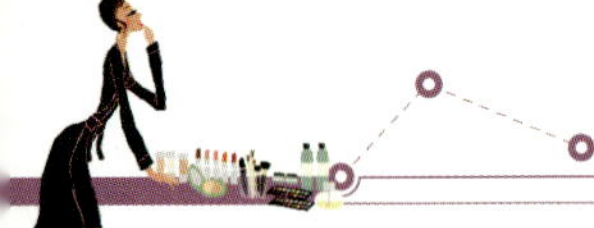

8-2. Situation after treatment(관리 후 상황)

A : It's finished. How do you feel?

B : It was so good.

A : Please, put on some slippers and I will take you to the fitting room.
Please, change your clothes.
Here is your key.

B : Okay, thank you.

A : If you want to take a shower, you can use this room.
Please, use this bell for your convenience.

B : Okay, thank you. I'll see you later.

A : 다 끝났습니다. 느낌이 어떠셨나요?

B : 아주 좋았어요.

A : 슬리퍼를 신으세요, 탈의실로 안내하겠습니다.

옷을 갈아입으세요.
열쇠는 여기 있습니다.

B : 네, 감사합니다.

A : 샤워를 하고 싶으시면 이 방을 사용하시면 됩니다.

불편하신 것이 있으면 이 벨을 눌러주세요.

B : 네, 감사합니다. 조금 있다 봐요.

Words

- mirror / glass : 거울
- face powder : 얼굴용 파우더
- eye makeup applicators(disposable) : 일회용 눈 화장용품
- eyeliner pencils and brushes : 아이라이너, 브러시
- tissues : 티슈
- comb : 빗
- hair dryer : 드라이기
- hair spray : 헤어스프레이

8. At the fitting room(탈의실에서)

9 Retail(판매)

9-1. Products retail(제품 판매)

A : I'm curious.

What cream did you put on me in the end?

B : Yes, you have very dry skin. So I finished with some moisture cream put on.

Would you like to see the cream?

A : Yes, show me the cream.

The cream is very moist and the scent is my favorite.

Can I buy the cream?

B : Sure. Have a seat, please.

[1])Let me explain more about the product.

It is Ananda company's product and contains 50g of cream.

You can use a whole month.

You can put the cream on your face every morning and evening.

You can feel the very moist skin after one month.

A : [2])I can't wait to feel that.

Can I see other products?

B : Sure.

A : I will buy just this cream today.

A : 궁금한 게 있습니다.

마지막에 제게 발라준 크림이 무엇인가요?

B : 네, 고객님께서는 수분이 많이 부족한 피부여서 저희가 수분 크림으로 마무리를 해 드렸습니다.

제품을 보여 드릴까요?

A : 네, 제품을 좀 보여주세요.

제품이 매우 촉촉하고, 제가 좋아하는 향이 나더군요.

제품을 살 수 있을까요?

B : 물론입니다. 이쪽으로 앉으세요.

제가 추가 설명을 해 드리겠습니다.

아난다 회사 제품으로 용량은 50g이고, 한 달 동안 충분히 사용하실 수 있습니다.

아침, 저녁으로 세안 후 사용하시면 됩니다.

한 달 후에는 매우 촉촉해진 피부를 느끼실 수 있습니다.

A : 너무 기대됩니다.

다른 제품들도 볼 수 있을까요?

B : 물론입니다.

A : 오늘은 이 크림만 사겠습니다.

9-2. Products recommendation(제품 추천)

A : Do you have any home care products?

B : No. Can you recommend any products for my dry skin?

A : We have many products for dry skin.
I'll show you now.
Would you try this cream?

B : OK. I'll try. Feel so good!
Can I buy this cream?

A : Of course. It's just for you.

A : 사용하시는 홈 케어 제품이 있나요?

B : 제 건조한 피부에 사용할 제품을 추천해주시겠어요?

A : 건조한 피부에 사용하는 다양한 제품이 있습니다.
보여 드릴게요.
이 크림 한번 써보시겠어요?

B : 네, 좋습니다. 느낌이 좋은데요!
이 크림 살 수 있을까요?

A : 물론입니다. 이 크림은 고객님을 위해 준비된 것입니다.

Expression pattern

1) Let me~

'Let me + 동사~'는 '내가 ~하죠' 또는 '내가 ~할게요'의 의미로 뒤에 오는 동사에 따라 다양하게 표현할 수 있다.

1. Let me introduce myself.   제 소개를 할게요.
2. Let me treat you.   제가 관리해 드리겠습니다.
3. Let me give you a hand.   제가 도와줄게요.

2) I can't wait~

'I can't wait~'는 '~하는 것을 기다릴 수 없다', 즉 '빨리 보고 싶어 안달하다'의 의미로 기다릴 수 없는 것을 강조할 때 사용된다.

1. I can't wait to see that result.   결과를 빨리 보고 싶어요.
2. I can't wait to buy that cream.   그 크림을 빨리 사고 싶어요.

Words

- cleansing milk / lotion / cream : 클렌징 제품
- astringent and skin-freshening lotion : 수렴성 로션
- essence / serum / ample : 에센스
- eye cream : 아이크림
- moisturizing cream : 수분 크림
- mask : 마스크
- gauze : 거즈
- lubricating oil : 마사지 오일
- tissue strips : 티슈
- absorbent cotton : 면솜
- cotton swabs and pledgets : 탈지면
- sponges : 스펀지
- facial steamer : 안면 스티머

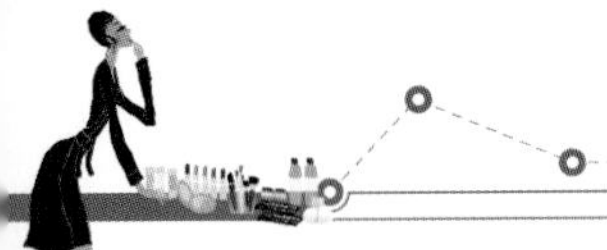

10 Calculation(계산)

A : You got just received a facial program today.
Were you satisfied with the special mask that we provided for free?

B : Yes, I enjoyed it.
[1] How much is it?

A : It is 68,000won.
Would you pay by cash or credit card?

B : I will pay by credit card.

A : Will you pay in installments?

B : Yes, please.

A : [2] How many months do you want pay in installments?

B : 2 months is enough.

A : Please, sign here.

A : 오늘은 얼굴 관리만 받으셨습니다.
특수 마스크는 서비스로 해 드렸는데 만족스러우셨나요?

B : 네, 너무 좋았습니다.
얼마인가요?

A : 총 6만 8천원입니다.
카드와 현금 중에서 어떤 것으로 하시겠습니까?

B : 카드로 계산하겠습니다.

A : 할부하시겠습니까?

B : 네, 할부로 계산해주세요.

A : 몇 개월로 해 드릴까요?

B : 2개월로 해주세요.

A : 네, 여기 사인 부탁합니다.

Expression pattern

1) How much

'How much'는 직역하면 '얼마나 많은'의 뜻으로 셀 수 없는 명사(불가산명사) 앞에서 꾸며주는 수량형용사이다. much 뒤에는 항상 물질명사 또는 추상명사가 오고, much 자체가 수량대명사(양, 가격)로 쓰일 경우에는 명사가 오지 않는다는 점에 유의하자.

1. How much time does it take?   얼마나 많은 시간이 걸립니까?
2. How much does it cost?   그것은 얼마입니까?

2) How many

'How many'는 직역하면 '얼마나 많은'의 뜻으로 셀 수 있는 명사(가산명사) 앞에서 꾸며주는 수량형용사이다. many 자체가 수량대명사로 쓰일 경우에는 명사가 오지 않을 수도 있음에 유의하자.

1. How many people come here with you?   몇 명이 함께 오나요?
2. How many months do you want pay in installment?   몇 개월 할부로 계산하길 원하나요?
3. How many times do you take facial treatment program a month?   한 달에 몇 번이나 얼굴 관리를 받으시나요?

Facial treatment

1   Skin analysis(피부 분석)

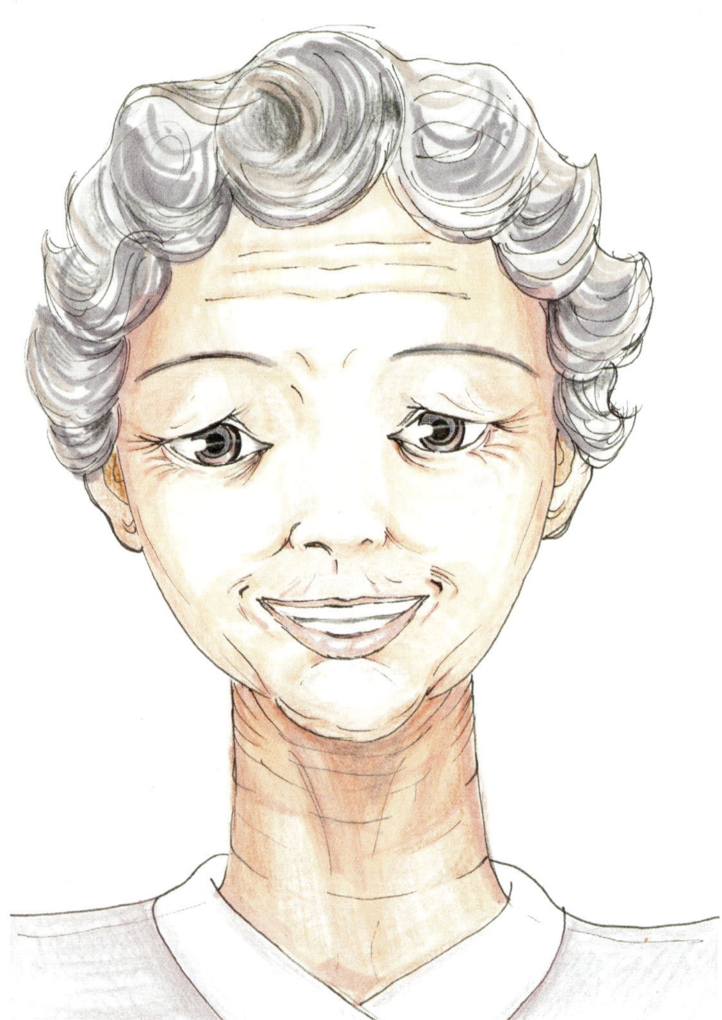

A : I'm sorry to make you wait.

B : I don't care. You look very busy today.

A : Please, make reservation for next time.
Then you can have a more easy and convenient treatment.

B : When is your most busy day?
I'd better not to come on a busy day.

A : Normally we are not busy during the weekdays, but pretty busy at the weekend.

B : I have an appointment at 5 o'clock. I have to leave by four thirty.
Do you think we are able to finish in that time?

A : Yes, we can. Did you put on make up?

B : Yes, I put on light make up.

A : I'll cleanse your face with mild milk cleanser.
And then will analyze your skin.
Your skin is very smooth and fine but starting to have wrinkles around eyes.

B : Really?

A : Don't worry too much.
If you take treatments regularly, it should be better.

B : I hope so.

A : Are you ready to get a treatment?

B : Yes, I'm ready.

A : 기다리게 해서 죄송합니다.

B : 괜찮아요. 오늘 많이 바쁘신가 봐요.

A : 다음부터는 꼭 예약을 하고 오세요.
조금 더 쉽고 편안하게 관리 받으실 수 있을 거예요.

B : 언제가 가장 바쁜 날인가요?
바쁜 날은 좀 피해서 오도록 하겠습니다.

A : 주중에는 괜찮은데, 주말이면 조금 바쁜 편이에요.

B : 5시에 약속이 있어서 4시 30분까지 관리를 끝내야 하는데, 가능할까요?

A : 예, 가능합니다. 화장하셨나요?

B : 예, 가볍게 했습니다.

A : 부드러운 밀크 클렌저로 클렌징을 하겠습니다.
그리고 나서 피부 분석을 하도록 하겠습니다.
피부결이 매우 부드럽고 좋은 편인데, 눈가에 주름이 생기기 시작하셨네요.

B : 정말이에요?

A : 하지만 너무 걱정하지 마세요.
규칙적으로 관리를 받으시면 틀림없이 좋아질 겁니다.

B : 그랬으면 좋겠네요.

A : 관리 받을 준비되셨나요?

B : 네, 준비되었습니다.

Words

- **I don't care** : 상관 없다, 신경 쓰지 않는다.

- **Skin type**

  normal skin : 중성 피부

  normal combination skin : 중·복합성 피부

  dehydrated skin : 수분 부족 피부

  problem skin : 문제성 피부

  acne skin : 여드름 피부

  combination skin : 복합성 피부

  dry skin : 건성 피부

  oily skin : 지성 피부

  sensitive skin : 민감성 피부

2 Situation before facial treatment(얼굴 관리 전 상황)

A : Hi, my name is Eunice.

I will take care of you today.

I hope you have a good time with me.

Please, relax and be comfortable.

B : Thank you.

My skin is so dry and it's flaking off easily.

A : Don't worry.

I will fix it with some moisturizing products.

B : Thank you.

A : Not at all. Then I'll start from cleansing.

I will put a hot towel on your face and it will be a little bit hot. Is it OK for you?

B : Yes, it's OK. (Sure, I don't be mind.)

A : This steamer is helpful to open your pores.

And it will work for 5 minutes.

If you feel too hot, please let me know right away.

B : I will.

A : Is it OK?

B : Yes, it's OK.

A : 안녕하세요, 제 이름은 유니스입니다.

오늘 관리는 제가 해 드리겠습니다.

좋은 시간이길 바라겠습니다.

편안하게 쉬세요.

B : 감사합니다.

제 피부는 심한 건성이고, 각질이 잘 벗겨지는 편이에요.

A : 걱정 마세요.

몇 가지 보습 제품으로 관리를 해 드리겠습니다.

B : 감사합니다.

A : 천만에요. 그럼 클렌징부터 시작하겠습니다.

얼굴에 온습포를 올리겠습니다. 약간 뜨거울 수도 있는데 괜찮으시겠어요?

B : 예, 좋습니다.

A : 이 스티머는 모공을 열어줄 것입니다.

그리고 5분 가량 작동할 겁니다.

만일 뜨겁게 느껴지면 즉시 말씀해주세요.

B : 알았습니다.

A : 괜찮으세요?

B : 네, 괜찮습니다.

Words

- comfortable : 편안한
- flaking off : (각질 등이) 떨어지다.
- pore : 모공
- right away : 지금 당장

3　Moisturizing treatment(보습 관리)

A : I will apply an aloe-vera mask on your skin.

B : A collagen mask is better than aloe-vera mask. Isn't it?

A : A collagen mask is good for dry skin, but an aloe-vera mask is very effective also.

B : I see, but I prefer a collagen mask.

A : If you want to use a collagen mask, there will be a small additional charge. Is it ok?

B : No problem.

A : Ok, I will prepare a collagen mask.
Just a moment, please.
It will take 20 minutes for masking.
Do you want a pillow?

B : Yes, please.

A : Are you comfortable?

B : I'm OK now.

A : Shall we start?

B : Yes, please.

A : 알로에-베라 마스크를 올려 드리겠습니다.

B : 콜라겐 마스크가 알로에-베라 마스크보다 더 좋은가요?

A : 건성 피부에는 콜라겐 마스크도 좋고, 알로에-베라 마스크도 매우 효과적입니다.

B : 네, 하지만 저는 콜라겐 마스크를 더 선호합니다.

A : 만약 고객님께서 콜라겐 마스크를 원하신다면 비용을 조금 더 부담하셔야 하는데, 괜찮으십니까?

B : 네, 문제없습니다.

A : 네, 콜라겐 마스크를 준비해 드리겠습니다.
잠시만 기다려 주세요.
마스크 관리 시간은 약 20분 정도 소요됩니다.
베개를 드릴까요?

B : 예. 주세요.

A : 편하십니까?

B : 예, 편합니다.

A : 관리를 시작하겠습니다.

B : 네, 알았습니다.

Words

- apply : 도포하다
- effective : 효과적인
- favorite : 선호하는 것
- additional : 추가적인
- pillow : 베개
- A better than B : A가 B보다 낫다
  The effect of this product is better than that one.
  이 제품의 효과가 저것보다 낫다.

4 Whitening treatment(미백 관리)

A : I'm going to give you a whitening treatment.
When did you have your last whitening treatment?

B : A [1)] couple of weeks ago.
I have some pigment due to strong ultraviolet rays during my summer vacation.

A : Did you put sun block on your skin?

B : I did. But I was exposed to the sun for a long time.

A : Many kinds of skin troubles can be caused from strong sun rays.
You should be careful.

B : Thank you for your advice.

A : I'll start treatment after cleansing.
I will put vitamin C into your dermis with Iontophoresis. It will be very helpful to revive your skin.
Don't be afraid. This electricity is safe for your body.

B : Yes.

A : I will turn the machine on.

(After treatment)

A : Was it okay?

B : Yes, it was okay.

A : If you feel uncomfortable, let me know please.

A : 미백 관리를 해 드리겠습니다.
마지막으로 언제 미백 관리를 받으셨나요?

B : 몇 주 됐어요.
여름휴가 기간에 자외선 때문에 색소가 많아졌어요.

A : 선크림은 바르셨어요?

B : 바르긴 했는데 너무 오랫동안 햇빛에 노출되어 있었어요.

A : 강한 태양 광선은 피부에 많은 문제를 일으킬 수 있습니다.
주의하셔야 합니다.

B : 당신의 조언 감사합니다.

A : 클렌징을 한 후에 관리를 시작하겠습니다.
이온토포레시스는 비타민 C를 피부의 진피 속까지 깊게 침투시켜 세포를 재생시켜 줍니다.
피부에 안전한 기기이니 걱정 마세요.

B : 네.

A : 시작하겠습니다.

(기기 관리 후)

A : 괜찮아지셨습니까?

B : 예, 제 생각에는 좋아진 것 같아요.

A : 혹시라도 불편한 사항이 있으면 말씀하세요.

Expression pattern

1) a couple of~

'둘의, 두사람의', '두서너 개의', '몇 개의', '몇 사람의' 등을 표현할 때 사용한다.

1. We need a couple of pens on the table.   테이블에 몇 개의 펜이 필요합니다.
2. There are a couple of pillows on the bed.   침대 위에는 몇 개의 베개가 있습니다.

Words

- **pigment** : 색소
- **management** : 관리
- **iontophoresis** : 이온영동요법(=이온토포레시스)
- **inconvenience** : 불편함
- **expose** : 노출되다
- **cause** : 원인, 근거
- **electric stimulus** : 전기적 자극
- **pigmentation** : 색소 침착

5 — Acne treatment(여드름 관리)

5-1. Situation before acne squeeze(여드름 압출 전 상황)

A : I will manage the acne program.

B : OK.

A : This is glycolic acid. It will hurt a little.
Now I will squeeze the acne.
If it hurts, please let me know.

B : It's too hurt. Can you do it a little gently?

A : Okay, I will try.

A : 여드름 관리를 시작하겠습니다.

B : 알았습니다.

A : 글리콜산을 사용할텐데 약간 따가울 수 있습니다.
이제, 여드름을 짭니다. 혹시 아프시면 말씀해주세요.

B : 너무 아파요. 조금만 살살 해주세요.

A : 알았습니다.

5-2. Situation after acne squeeze(여드름 압출 후 상황)

A : I will sterilize the squeezed area by camphor toner
and then will apply an algae mask on your face.
Algae hasan excellent effect for acne.

B : Okay, thank you.

A : Do you want to secure the eye-pads?

B : Yes, please.

A : It can be cold, is it OK?

B : That's fine.

A : It will take around 20 minutes.
If you feel any uncomfortable, please tell me.

A : 캄포 토너로 짜낸 부위를 소독한 후 해초 마스크를
하도록 하겠습니다.
해초는 여드름에 매우 좋은 성분입니다.

B : 알았습니다.

A : 아이패드를 해 드릴까요?

B : 네, 해주세요.

A : 차가울 수 있습니다. 괜찮으세요?

B : 괜찮습니다.

A : 20분 가량 소요될 것입니다.
불편하신 점 있으면 말씀해주세요.

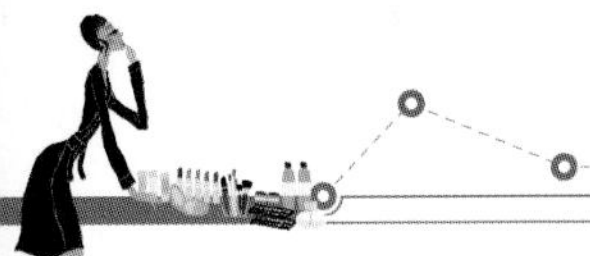

5-3. Finishing session(마무리)

A : Now, it's almost finished.

I will apply a cold towel on your face.

All right.

Now I will let you know how to home care.

You'd better not squeeze pimples or it will leave a scar.

Tea tree oil is very effective for acne.

B : I see. Where can I buy it?

A : We have some products including tea tree oil.

I will show you after the treatment.

I'll apply sunblock.

All right, everything is done.

How was the treatment?

B : It was so hurt because of the acne, but I was satisfied with your careful treatment.

A : Thanks. Change your clothes, please.

I'll see you outside.

A : 자, 마무리를 하도록 하겠습니다.

냉습포를 얼굴에 올려 드리겠습니다.

다 끝났습니다.

가정에서 관리하는 방법을 알려 드릴게요.

혼자서 여드름을 짜게 되면 흉터가 남을 수 있으니 조심하시고요.

티트리 오일이 여드름에 매우 효과적입니다.

B : 어디에서 살 수 있을까요?

A : 저희 살롱에 몇 가지 제품이 있는데, 관리가 끝난 후에 보여 드리도록 하겠습니다.

선크림을 발라 드리겠습니다.

자, 다 끝났습니다.

어떠셨습니까?

B : 여드름 때문에 많이 아팠지만, 잘 관리해 주셔서 만족스럽습니다.

A : 감사합니다.

옷을 갈아입으시는 동안 밖에서 기다리겠습니다.

Words

- acne / pimple : 여드름
- prepare : 준비하다
- smart : (느낌이) 강하다, 따끔하다
- glycolic acid : 글리콜산
- squeeze : 압착하다, 죄다, 짜내다

- Mask type : 마스크의 종류
    - wash off type : 씻어내는 마스크
    - peel off type : 벗겨 내는 마스크
    - tissue off type : 티슈로 닦아내는 마스크
    - gips mask : 석고 마스크
    - rubber mask : 고무 마스크
    - collagen velvet mask : 벨벳 마스크

- gently : 상냥하게, 부드럽게, 천천히, 완만하게
- sterilize : 살균하다, 소독하다
- explain : 설명하다
- scar : 상처
- satisfy : 만족하다

Expression pattern

1) 주어+had better+동사원형 : ~ 하는 편이 낫다.

Because of high season, you had better make reservation right now.　　성수기이므로 지금 예약하시는 것이 낫습니다.

2) 주어+had better+not+동사원형 : ~ 하지 않는 편이 낫다.

You had better not exercise after treatment.　　관리를 받은 후에는 운동을 하지 않는 편이 낫습니다.

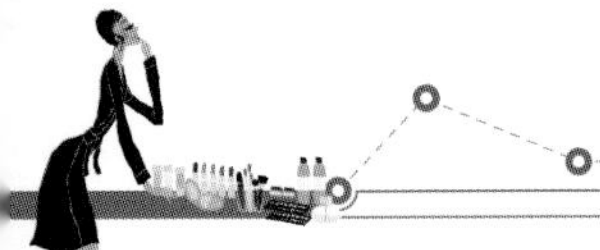

6 Settling treatment(진정 관리)

A : Please, lie down on the bed.
Do you need a leg pillow?

B : No, thanks.

A : Is there any inconvenience?

B : The hair turban is too tight for me.

A : Oh, I am sorry. I will put it on again.
Is it better now?

B : Yes, it's much better.

A : Your cheek area is so reddish. What happened?

B : I got a deep cleansing last night by myself.

A : What kind of deep cleansing was it?

B : It was a scrub.

A : It's so stimulative for your sensitive skin.
And you don't need to use any deep cleansing
products.

B : I see. Thank you.

A : 침대에 누워주세요.
다리 베개 드릴까요?

B : 아니요, 괜찮습니다.

A : 불편한 점 있으신가요?

B : 터번이 꽉 조여진 것 같아요.

A : 죄송합니다. 다시 두르도록 하겠습니다.
좀 편해지셨나요?

B : 예, 지금은 괜찮습니다.

A : 볼 주위가 빨간데, 무슨 일이 있었나요?

B : 혼자서 딥클렌징을 했어요.

A : 어떤 종류의 딥클렌징을 하셨나요?

B : 스크럽을 사용했어요.

A : 스크럽은 민감성 피부에는 너무 자극적인 제품입니다.
그리고 고객님께서는 어떤 종류의 딥클렌징 제품도 사
용하실 필요가 없습니다.

B : 알았습니다. 감사합니다.

Words

- tight : 단단한, 단단히 맨, 꽉 죄인
- cheek : 뺨, 볼
- area : 범위, 부분
- avoid : 피하다
- skip : 건너뛰다, 생략하다
- session : 기간, 회기, 회의

- Deep cleansing type
  ❶ Physical method : 물리적 방법
    scrub : 스크럽
    disincrustation : 갈바닉 전류의 원리를 이용한 전기세정법
    frimator : 프리마돌 브러싱 솔
  ❷ Chemical method : 화학적 방법
    enzyme : 효소
    gommage : 고마지
    A.H.A.(Alpha Hydroxy Acid) : 알파히드록시산
    glycolic acid : 글리콜산

Power Expression

1. What kind of~
   What kind of magazine do you read?
   What kind of payment do you prefer?

2. I'm worried about~, I'm worried that~
   I'm worried about his health.
   I'm really worried about the exam on Friday.

1. 어떤 종류의 ~
   어떤 종류의 잡지를 읽으시나요?
   어떤 식으로 결제하고 싶으신가요?

2. ~이 걱정됩니다, ~할까 걱정이에요.
   그의 건강이 걱정입니다.
   금요일의 시험은 정말로 걱정이 됩니다.

Body treatment

1 Situation before treatment(관리 전 상황)

A : Lay stomach down on the bed, please.

B : Like this?

A : Good.
   Do you need a blanket?

B : No, thanks.
   I don't feel cold.

A : I will make your shoulder muscles more relaxed.
   How's the pressure?

B : Fine. But a little harder, please.

A : Is it better now?

B : Yes, good.

A : 배를 베드 위에 대고 누우세요.

B : 이렇게 누우면 되나요?

A : 네, 맞습니다.
   담요를 덮어 드릴까요?

B : 아니요, 괜찮습니다.
   춥지 않아요.

A : 어깨 근육을 편안하게 풀어 드릴게요.
   압력은 괜찮으세요?

B : 좋아요. 조금 더 강하게 눌러주셔도 좋습니다.

A : 지금이 더 좋으신가요?

B : 네, 좋습니다.

Words

- lay one's stomach down : 배를 깔고 눕다
- lay one's back down : 등을 바닥에 대고 눕다
- blanket : 담요
- shoulder : 어깨
- muscle : 근육
- probably : 아마도

2 Situation during treatment(관리 중 상황)

A : Is it your first time for a Korean style massage?

B : Yes, it's my first time.
 But I've had a swedish massage a couple of times.

A : A Korean style massage requires more hard pressure than a swedish massage.

B : I see.

A : It is good not only for the beauty but also for health.

B : I'm really looking forward to get it.

A : I will start from your legs.

B : All right.

(After treatment)

A : It's all finished.
 How was the treatment?

B : I feel better. Thank you.

A : My pleasure.
 Please, wear these slippers and change clothes in the fitting room.
 I will prepare some tea in the reception room.

A : 한국형 마사지를 처음 받아 보시나요?

B : 네, 처음입니다.
 하지만 스웨디시 마사지는 몇 번 받았습니다.

A : 한국형 마사지는 스웨디시 마사지보다 압력이 더 강한 마사지입니다.

B : 알았습니다.

A : 한국형 마사지는 미용뿐 아니라 건강까지 챙겨주는 마사지입니다.

B : 정말로 기대되는데요.

A : 제가 고객님의 다리부터 마사지를 시작하겠습니다.

B : 네, 시작하세요.

(관리 후)

A : 관리를 마치겠습니다.
 어떠셨어요?

B : 기분이 상쾌해졌어요. 감사합니다.

A : 감사합니다.
 슬리퍼를 신고, 탈의실에서 옷을 갈아입으세요.

 휴게실에서 차를 준비해 드리겠습니다.

Power Expression

1. Please, lay your back down on the bed.

2. Turn over, please.

1. 베드에 등을 대고 누워주세요.

2. 뒤로 돌아 누워주세요.

Words

- head : 머리
- back : 등
- forehead : 이마
- hip : 엉덩이
- ear : 귀
- heel : 발꿈치
- neck : 목
- elbow : 팔꿈치
- eye : 눈
- waist : 허리

- nose : 코
- toe : 발가락
- mouth : 입
- knee : 무릎
- tongue : 혀
- eyebrow : 눈썹
- cheek : 뺨
- tooth : 치아
- chin : 턱
- hair : 머리카락

- breast : 가슴
- thigh : 넓적다리(허벅지)
- ankle : 발목
- shoulder : 어깨
- arm : 팔
- hand : 손
- leg : 다리
- calf / lower leg : 종아리
- foot : 발
- abdomen / belly : 복부

3 Cellulite treatment(셀룰라이트 관리)

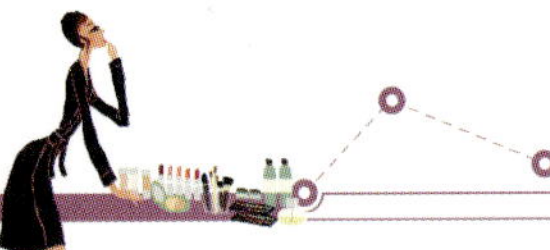

A : I will start the cellulite treatment with a lymph massage and a high frequency machine.

B : May I ask some questions?

A : Yes, please.

B : Why doesn't it disappear?

A : It is not easy to remove them.
It requires a dietetic treatment, regular exercise and professional treatment.
That's why we need cellulite treatment.
How I will start the high frequency session.
You may feel some electric heating.
How dose it feel?

B : I can't feel anything.

A : I will turn it one more level up.
Can you feel some stimulation?

B : Yes, good.

A : 림프 마사지와 고주파기를 사용하여 셀룰라이트 관리를 시작하겠습니다.

B : 질문해도 괜찮아요?

A : 네, 그럼요.

B : 왜 셀룰라이트가 없어지지 않나요?

A : 이것은 쉽게 사라지지 않습니다.
식이요법과 운동, 전문 관리 등을 통해서만 제거할 수 있습니다.
바로 그것이 셀룰라이트 관리를 받는 이유입니다.
고주파 세션을 시작하겠습니다.
약간의 뜨거움을 느낄 수도 있습니다.
느낌 어떠세요?

B : 아무것도 느껴지지 않아요.

A : 레벨을 한 단계 더 올리겠습니다.
자극이 느껴지시나요?

B : 예, 좋습니다.

Words

- high frequency : 고주파
- vacuum : 진동흡입기
- ultrasonic : 초음파

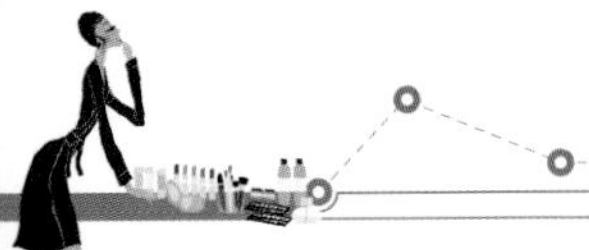

4 Foot reflexology(발반사)

A : I will remove your callus and then start the foot reflexology.
Please, put your feet into this footbath for 3 minutes.
How's the temperature?

B : It's good.

A : I m going to add peppermint essential oil into water.
It will make your feet relaxed.

B : Oh, good.

A : I'll dry your feet with a towel.
Lie down on the bed, please.

B : Ouch! It hurts.

A : Do you wear high heels or narrow shoes?

B : Yes, I love to wear high heels.

A : High heels may deform your feet and make corns on the little toe.
You should wear comfortable shoes for your health.

B : Thank you. I'll try.

A : Your feet are also dry and cold.
I'll give a paraffin mask for you.
It's going to make your feet warm and moisturized.

B : Thanks a lot.

A : 각질제거를 시작으로 발 마사지를 시작하겠습니다.
고객님의 발을 족탕기에 약 3분 정도 담가주세요.
온도 괜찮으세요?

B : 네, 좋습니다.

A : 페퍼민트 에센셜 오일을 넣어 드리겠습니다.
페퍼민트 에센셜 오일은 당신의 발을 더 편안하게 해 줄 것입니다.

B : 네, 좋습니다.

A : 타올로 물기를 닦아 드리겠습니다.
베드에 누워주세요.

B : 앗! 거기가 너무 아파요.

A : 폭이 좁은 신발이나 하이힐을 자주 신으세요?

B : 예. 하이힐 신는 것을 좋아합니다.

A : 하이힐은 발의 모양을 변형시키고, 새끼발가락에 티눈이 생기게 합니다.
편안한 신발을 신는 것이 건강에도 좋습니다.

B : 예. 노력하겠습니다.

A : 고객님의 발은 또한 매우 건조하고 차가운 편입니다.
파라핀 마스크를 해 드릴게요.
발을 따뜻하고 부드럽게 해줄 것입니다.

B : 네, 감사합니다.

Words

- **callus** : 각질, 굳은살
- **corn** : 티눈
- **temperature** : 온도
- **narrow** : 좁은
- **deform** : 변형되다

4. Foot reflexology(발반사)

SPA *therapy*

1 Hydrotherapy(하이드로테라피)

A : This is a Hydrotherapy machine.

B : Wow. It looks very good.
   What is this for?

A : Hydrotherapy is a kind of water jet treatment.

B : Can I have this treatment today?

A : Of course.
   You can lie down here slowly.
   I will let you have a water jet.
   It is very helpful to release your muscles and reduce
   fat cells.

B : That sounds good.

A : Here we go.
   Is water temperature alright?

B : Yes, it's good.

A : 이것이 하이드로테라피 기기입니다.

B : 멋진데요.
   어떨 때 사용하는 건가요?

A : 물줄기를 활용하는 트리트먼트 중 하나입니다.

B : 오늘 받아볼 수 있나요?

A : 물론입니다.
   여기 천천히 누우세요.
   관리를 해 드리도록 하겠습니다.
   근육을 이완시키고 지방세포를 감소시키는데 많은 도움
   을 드릴 겁니다.

B : 듣던 중 반가운 소린데요.

A : 자, 시작합니다.
   물 온도 괜찮으세요?

B : 예, 좋습니다.

Words

- today : 오늘
- yesterday : 어제
- tomorrow : 내일
- the day before yesterday : 그저께
- the day after tomorrow : 모레
- weekend : 주말
- last week : 지난주
- this week : 이번 주
- next week : 다음 주
- in a week : 1주 내
- in a month : 1개월 내

2 Aromatherapy(아로마테라피)

A : Let me explain Aromatherapy.
Have you heard about it before?

B : Yes, I heard about that.

A : Good. I will prepare lavender essential oil.
It will be very helpful for your insomnia.

B : What is the effect of lavender?

A : It helps hormone secretion of parasympathetic system
and will calm your nerves comfortable.

B : Thank you so much for taking care of me.

A : I hope you enjoy it.

A : 아로마테라피에 대해 설명해 드리겠습니다.
전에 아로마테라피에 대해 들어보신 적이 있나요?

B : 예, 들어본 적 있습니다.

A : 좋습니다. 라벤더 에센셜 오일을 준비하겠습니다.
불면증 해소에 도움을 드릴 겁니다.

B : 라벤더의 효과가 무엇인가요?

A : 부교감신경계의 호르몬 생성을 도와 신경을 편안하게
만들어주는 것입니다.

B : 생각해주셔서 고맙습니다.

A : 좋은 시간이길 바라겠습니다.

Words

- nerve : 신경
- nervous system : 신경계
- sympathetic : 교감신경
- parasympathetic : 부교감신경

- insomnia : 불면증
- fatigue : 무기력함, 피로
- sleepy : 졸림

- Kinds of essential oils : 에센셜 오일의 종류

lavender : 라벤더	lemon : 레몬	juniper : 주니퍼
rose : 장미	bergamot : 버가못	thyme : 타임
eucalyptus : 유칼립투스	neroli : 네롤리	clary sage : 클라리 세이지
sandalwood : 샌달우드	ylang ylang : 일랑일랑	chamomile : 카모마일
tea tree : 티트리	geranium : 제라늄	jasmine : 자스민
peppermint : 페퍼민트	orange : 오렌지	

3 Ayurveda(아유르베다)

A : Let me introduce Ayurveda for you.

B : Sounds good. I was so curious about Ayurveda.

A : Really? That's great!
Ayurveda is composed of Sankya philosophy, a kind of Indian philosophy and anatomy, physiology, herbal medicine, lots of unique therapies.

B : I am very interestedard in natural herbs.

A : Most of Ayurvedic herbs are very effective to get rid of toxins in our body.

B : Oh, really?
Which kind of herbs are good for my fat?

A : I will check your body constituent.
In Ayurveda therapy we should check our body constituent before we apply herbs and oils.

B : That sounds curious!

A : Would you fill out the check box with a pen?

B : All right.

A : Your body type is Kapha.
It is composed of water and soil.
That's why you can get fat easily.

B : How can I be slim?

A : 아유르베다에 대해 설명해 드리겠습니다.

B : 그렇지 않아도 아유르베다에 관한 관심이 많았는데 정말 잘 되었습니다.

A : 그래요? 정말 잘 되었군요.
아유르베다는 상키야 철학 및 기타 인도 철학과 해부학, 생리학, 허브 약제학, 그리고 다양하고 독특한 테라피 등으로 이루어져 있습니다.

B : 저는 천연 허브에 관심이 많습니다.

A : 대부분 아유르베다 허브들은 우리 몸의 독소를 제거하는데 매우 효과적입니다.

B : 아, 그래요?
지방을 없애려면 어떤 허브가 좋을까요?

A : 먼저 체질 검사를 하도록 하겠습니다.
아유르베다 테라피를 할 때는 허브와 오일을 사용하기 전에 먼저 체질 검사를 해야 하기 때문입니다.

B : 흥미로운데요!

A : 체크 박스에 표시해주시겠어요?

B : 네, 그러지요.

A : 고객님 체질은 카파입니다.
카파는 물과 흙으로 구성된 체질을 말합니다.
쉽게 비만이 될 수 있는 체질이에요.

B : 날씬해지려면 어떻게 해야되지요?

A : You should control your food intake and exercise every day.
If you don't, it will not be easy to be slim.

B : Which kind of exercise can you recommend?

A : I recommend you do Yoga, swimming, and jogging.

B : OK. I will.

A : Good.
Now I will apply mustard oil and corn oil with black pepper essential oil.
Then I will let you take an herbal steaming with some special Kapha reducing herbs.

B : Thanks.

A : 음식 조절을 잘 하고, 날마다 운동을 해야 합니다.

그렇지 않으면 날씬해지기가 어렵습니다.

B : 어떤 운동을 하면 좋을까요?

A : 요가, 수영, 조깅 등이 좋습니다.

B : 그렇게 하도록 하겠습니다.

A : 좋아요.
오늘은 머스타드 오일과 콘 오일, 블랙 페퍼 에센셜 오일을 사용하도록 하겠습니다.
그런 다음 카파를 줄일 수 있는 특수 허브로 허브 스팀 (훈증 요법)을 실시하도록 하겠습니다.

B : 감사합니다.

4 Vishy shower(비쉬 샤워)

A : This is a vishy shower, a kind of SPA therapy.
It is good for muscle relief by water jet.

B : It's truly amazing.
How can I lie on the bed?

A : You can lie your stomach down the bed.
Maybe it will be little bit cold.

B : That's okay.

A : Now I will start session.
Please, close your eyes and let me know if you have nay uncomfortable.

B : Thank you.

A : 이것은 스파테라피의 일종인 비쉬 샤워입니다.
물줄기를 활용하여 근육을 이완시키기에 적합한 시스템입니다.

B : 놀랍군요.
어떻게 누울까요?

A : 배를 아래로 해서 누워주세요.
약간 추울 수도 있습니다.

B : 괜찮습니다.

A : 자, 그럼 세션을 시작하도록 하겠습니다.
눈을 감으세요. 그리고 혹시 불편한 점이 있으면 말씀해주세요.

B : 감사합니다.

5 Herbal steaming(허브 스팀)

A : What's this?

B : This machine is for herbal steaming.
We put the special herb pack into the iron box and then turn the electric switch on.
Steam carries the smell of herbs into our skin pores.

A : Can I try this machine during our session?

B : Of course. You need this for todays session.

A : Why should I have this session?

B : Your skin is very dry now. This session is very effective to dry skin.
Moreover you asked me to release your back pain.
Some herbs are very useful to release back pain.
That's why I am planning to use this machine for our session.

A : I see. How long does it take?

B : 20 minutes will be required at least.

A : Not so long.

A : 무엇에 쓰이는 거지요?

B : 허브 스팀에 사용하는 기계입니다.
쇠로 만든 박스에 특별한 허브 주머니를 넣고 전기 스위치를 켭니다.
그러면 스팀이 허브 향을 우리 피부 모공에 침투시켜 줍니다.

A : 오늘 세션 중에 체험할 수 있나요?

B : 물론입니다. 오늘 꼭 사용해야 합니다.

A : 왜 그렇지요?

B : 고객님 피부가 매우 건조하기 때문에 사용해야 됩니다.

더욱이 고객님께서 요통을 호소하셨기 때문에 사용하지 않을 수 없습니다.
허브 중에 요통을 해소할 수 있는 것들이 있거든요.
그래서 오늘 세션 중에 이 기계를 사용하려는 것입니다.

A : 알겠습니다. 시간은 얼마나 걸리나요?

B : 최소 20분 가량 소요될 예정입니다.

A : 그리 긴 시간은 아니군요.

6   Scalp and Hair treatment(두피모발 관리)

A : Do you know that your hair is really thin and weak?

B : Yes, I know that. I really worry about it.

A : How do you treat them in your routine?

B : Well, I don't know exactly how to treat it.

A : You must clean your scalp pores with a neutral shampoo and put some tonicon.
Nutrition is also very important.
Fruits, beans, and vegetables are helpful to make your hair strong.

B : Should I have scalp massage regularly?

A : That's a good point.
Not only scalp a massage but a foot & back massage is also very helpful.
Because your thin and weak hair requires plentiful oxygen and nutrition through capillaries.

B : I will.
Can I ask you some tip to care for it by myself?

A : You can do meditation time.
It can make your brain relaxed.
Pranayama is a good way to provide oxygen to your brain.
It's very important in Ayurvedic scalp & hair treatment.

A : 고객님 모발이 매우 가늘고 약하군요.

B : 예, 알고 있습니다. 그래서 걱정이 많아요.

A : 평상시에 어떻게 관리하세요?

B : 어떻게 해야 하는지 잘 모르겠어요.

A : 중성 샴푸로 두피 모공을 깨끗하게 해주고, 헤어토닉을 사용하시는게 좋습니다.
식사도 매우 중요합니다.
과일류, 콩류, 채소류 등이 모발을 강화하는데 도움이 됩니다.

B : 두피 마사지를 규칙적으로 해야 하나요?

A : 좋은 질문입니다.
두피 마사지뿐만 아니라 발 마사지, 등 마사지 등도 매우 도움이 됩니다.
왜냐하면 가늘고 약한 모발은 모세혈관을 통한 산소와 영양 공급이 더욱 필요하기 때문입니다.

B : 그렇게 하도록 하겠습니다.
저 혼자 할 수 있는 방법이 좀더 있을까요?

A : 명상의 시간을 가져 보세요.
뇌가 편안해질 거예요.
'프라나야마'라고 하는 호흡법도 뇌에 산소를 공급하는 좋은 방법입니다.
아유르베다 두피모발 관리에서 매우 중요하게 사용하는 방법이거든요

B : What's that?

How can I do it?

A : Don't worry.

I will let you know and we can practice together.

B : Thank you.

A : I will give you an Indian head massage with vege-table oil and essential oil along with an herbal scalp pack.

You will find your hair very strong and shiny tomorrow morning.

B : 그게 뭐지요?

저도 할 수 있나요?

A : 걱정하지 마세요.

제가 고객님과 함께 실습을 해볼 겁니다.

B : 고맙습니다.

A : 식물성 오일과 에센셜 오일로 인디언 헤드 마사지를 한 뒤 허브 팩을 해 드리도록 하겠습니다.

내일 아침이면 모발이 매우 건강해지고 빛나는 것을 확인할 수 있을 겁니다.

Words

- cut : 커트
- hair dyeing : 염모
- perm : 파마
- part : 가르마
- ponytail : 말꼬리 모양으로 묶은 머리
- braid : 땋은 머리
- pig tail : 양갈래 머리
- bun : (롤빵 모양의) 쪽진 머리
- shave : 면도

- thick : 모발이 굵은
- thin : 모발이 얇은
- trim : 손질하다
- sideburns : 구렛나루
- beard : 턱수염
- mustache : 콧수염
- frizzy : 곱슬머리
- curly : 곱슬거리는
- natural : 자연스러운

Nail care

1 Manicure(매니큐어)

1-1. Nail length(길이)

[Case 1]

A : Do you want the same shape (for your nail)?

B : Yes, I want the same shape.

A : Okay, I'm gonna give you the same shape.

[Case 2]

A : What kind of nail shape do you like?
Which kind of shape do you like, square or round?

B : I want to get the round shape.

A : Okay, do you want to cut the cuticle also?

B : Yes, please.

1-2. Nail color(색상)

A : What color would you like today?

B : I want red.

A : How about white?
It will be very suitable with your shirt.

B : Okay, I'll try white.

A : I'm sure it will be very beautiful for you.

[Case 1]

A : 지금과 같은 모양으로 해 드릴까요?

B : 예, 같은 모양으로 해주세요.

A : 네, 그럼 같은 모양으로 해 드리겠습니다.

[Case 2]

A : 손톱 모양을 어떤 종류로 해 드릴까요?
각진 모양과 둥근 모양 중에 어떤 모양을 좋아하세요?

B : 둥근 모양으로 하겠습니다.

A : 큐티클도 제거해 드릴까요?

B : 네, 해주세요.

A : 오늘은 어떤 색을 칠해 드릴까요?

B : 붉은색으로 해주세요.

A : 흰색은 어떠세요?
셔츠에 아주 잘 어울릴 것 같은데요.

B : 네, 흰색으로 하겠어요.

A : 아주 예쁠 거라고 확신해요.

1-3. Nail dry(건조)

A : Everything is finished for today.

B : Oh! Thank you.

A : You can go there for drying.
   I'll carry your bag for your convenience.

B : Thank you.

A : You're welcome.

A : 다 되었습니다.

B : 감사합니다.

A : 저기로 가서 말릴 수 있어요.
   가방을 들어 드리겠습니다.

B : 감사합니다.

A : 별 말씀을요.

1-4. Payment & Tip(지불 & 팁)

A : How much for today?

B : 20 dollars. Thank you.

A : Here you are and this is for you.

B : Thank you so much.

A : 오늘 얼마죠?

B : 20달러입니다. 감사합니다.

A : 여기 있어요, 그리고 이건 팁입니다.

B : 정말 감사합니다.

Power Expression

1. How much for today? / How much is it?

2. Yes, I want same shape. / Please, same shape.

3. No, I want a little cutting for (my) nail.

4. No, I don't want to cut cuticle.

5. What color would you like today?

6. Do you want to a same color as another day?

7. This is an antiseptic spray for nipper.

1. 얼마인가요?

2. 예, 같은 모양으로 해주세요.

3. 아니요, 조금만 잘라주세요.

4. 큐티클은 자르고 싶지 않습니다.

5. 오늘은 어떤 색을 바르고 싶으세요?

6. 지난 번과 같은 색으로 해 드릴까요?

7. 이것은 핀셋에 쓰는 살균 스프레이입니다.

Words

- black : 검은색
- gray : 회색
- white : 흰색
- red : 붉은색
- orange : 주황색
- pink / hot pink : 핑크색
- yellow : 노랑색
- green : 초록색

- blue / dark blue : 파란색
- violet : 보라색
- gold : 금색
- silver : 은색
- cotton : 솜
- nail polish romover : 리무버
- clippers : 손톱깎이

2　Pedicure(페디큐어)

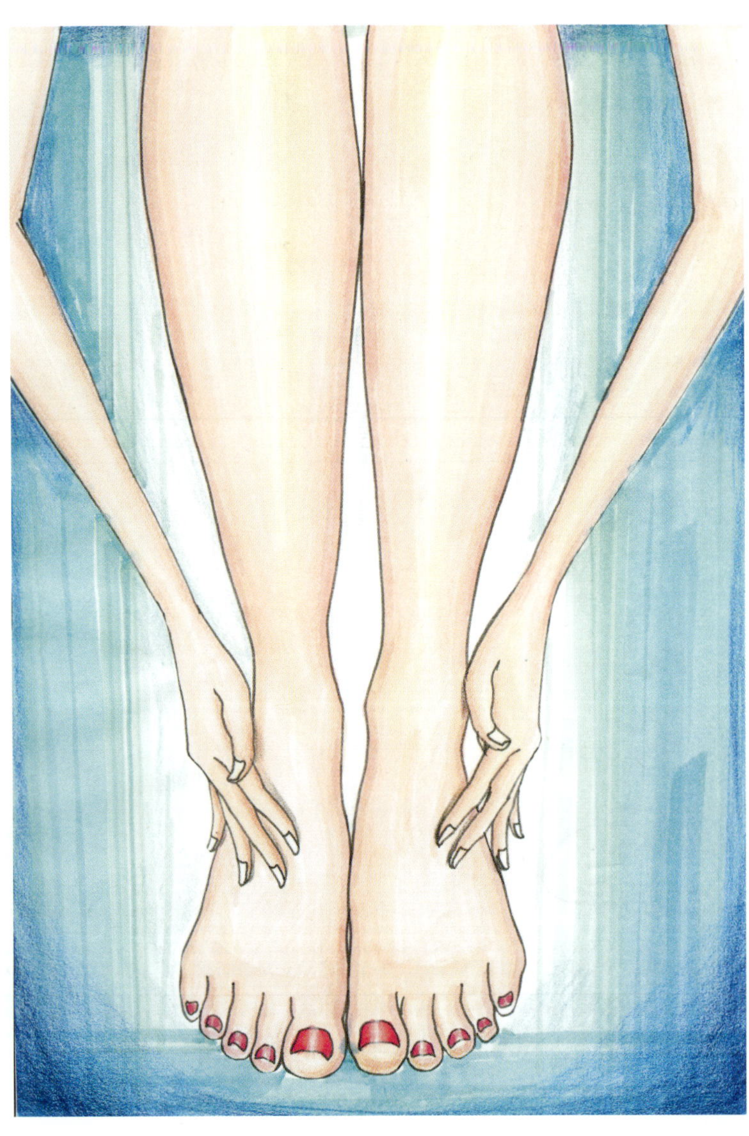

2-1. Situation during care(관리 중 상황)

A : [1)]What kind of pedicures do you want?

B : What kind of pedicures do you have?

A : We have three kinds of pedicures.
The first one is a regular pedicure.
It is almost the same with regular manicure.
Second one is special pedicure.
It would be done with more high quality products.
The last one is a spa pedicure.
It is really nice products with a long time massage.
You can sleep during pedicures.
I want to recommend the special or the spa pedicure for your comfort.

B : I want the special one.

A : An excellent choice.
[2)]Can I start right now?

B : Yes, go ahead.

A : Can I lift your pants?

B : No, thank you.
I'll do it.

A : Put your feet in the water, please.
Is the temperature good?
Or do you want warmer water?

A : It's a good temperature to me.

B : You can just relax.

A : Thank you.

A : 어떤 종류의 페디큐어를 원하시나요?

B : 어떤 종류의 페디큐어가 있나요?

A : 세 종류의 페디큐어가 있습니다.
첫 번째는 일반적인 페디큐어입니다.
보통의 매니큐어와 거의 같습니다.
두 번째는 특수 페디큐어입니다.
좀더 좋은 질의 제품을 사용합니다.
마지막으로 스파 페디큐어입니다.
정말 좋은 제품으로 장시간의 마사지를 해 드립니다.
관리 받는 동안 주무셔도 됩니다.
휴식을 위해서는 특별 페디큐어나 스파 페디큐어를 추천합니다.

B : 특별 페디큐어를 받겠습니다.

A : 잘 선택하셨습니다.
지금 바로 시작할까요?

B : 네, 해주세요.

A : 바지를 걷어 드릴까요?

B : 아니요, 괜찮습니다.
제가 할게요.

A : 물에 발을 담그세요.
물의 온도는 좋으신가요?
아니면 좀더 따뜻한 물을 원하시나요?

A : 좋은데요.

B : 편안하게 계시면 됩니다.

A : 감사합니다.

2-2. Situation after care(관리 후 상황)

A : Everything is finished.
  How are you feeling?

B : Very good. It was so comfortable.

A : Thank you.
  You need time to dry.

B : How long does it take for dry?

A : 20 minutes is enough.

B : Sounds good.

A : 다 끝났습니다.
  기분 어떠세요?

B : 아주 좋아요. 아주 편했습니다.

A : 감사합니다.
  마르는 시간이 필요합니다.

B : 마르는데 시간이 얼마나 걸리나요?

A : 20분이면 충분합니다.

B : 알았습니다.

Expression pattern

1) What kind of ~

'What kind of~'는 '무슨(어떤) 종류의 ~'를 의미하며, 'What sort of~' 또는 'What type of~'와 같은 의미로 사용된다.

1. What kind of shape do you want?   어떤 형태를 원하시나요?
2. What kind of color do you want?   어떤 색깔을 원하시나요?
3. What kind of pedicure do you want?   어떤 종류의 페디큐어를 원하시나요?

2) Can I ~?

'Can I~?'는 'I can~'의 의문문으로 '나는 ~ 할 수 있다'의 의문문 즉, '내가 ~ 할 수 있습니까?' 또는 '내가 ~ 할 수 있을까요?'의 의미로 상대방에게 제안을 하거나 허락을 구할 때 사용하는 표현이다.

1. Can I ask your first(family) name?   당신의 이름(성)을 물어봐도 될까요?
2. Can I cancel my reservation?   예약을 취소할 수 있을까요?
3. Can I start right now?   지금 바로 시작할 수 있을까요?

3 Waxing(제모)

3-1. Situation during treatment(관리 중 상황)

A : What kinds of waxing do you want today?

B : I need an eye-brow waxing.

A : You can lie on the bed.
   Which kind of eye-brow shape do you want?

B : I want the Arch shape.

A : Please, don't open your eyes during waxing.

B : Okay.

A : I'm going to apply some powder and honey on
   your eye-brow.

A : 오늘은 어떤 종류의 제모를 원하시나요?

B : 눈썹 제모가 필요해요.

A : 베드에 누우세요.
   어떤 모양의 눈썹을 원하시나요?

B : 아치 모양으로 해주세요.

A : 제모 중에 눈을 뜨지 마세요.

B : 알았습니다.

A : 눈썹에 파우더와 꿀을 바르겠습니다.

3-2. Situation after treatment(관리 후 상황)

A : Do you like this shape?

B : I love it.

A : 이 모양 괜찮으신가요?

B : 너무 좋아요.

Words

- **eye-brow** : 눈썹
- **lip** : 입술
- **chin** : 턱
- **under arm** : 겨드랑이
- **full arm** : 팔
- **full leg** : 다리
- **bikini line** : 비키니 라인

정진성

- ㈜아난다 대표이사
- 미국 워싱턴 주립대학 석사
- Bombay Ayurveda Research institute honorary member
- 인도 Hindu college course of Ayurveda
- 〈테라피스트를 위한 아유르베다〉 저자

허은영

- ㈜더바디워크 대표이사
- 아난다 바디워크 스쿨 원장
- 현) 명지전문대학 초빙교수
- 성신여자대학원 식품영양학과 미용건강 박사

최나홍

- 성신여자대학원 식품영양학과 미용건강 박사과정
- 현) 경북대학 외래강사
- 현) 우송대학 외래강사
- 현) 명지전문대학 외래강사

이유현

- 성신여자문화산업대학원 피부비만 전공 석사과정
- CPIC COLLEGE 수료
- Dominelli International College 수료
- Massage School of Queensland 수료

Aesthetic & Spa English
에스테틱 & 스파 잉글리시

2010. 2. 24. 1판 1쇄 발행
2016. 8. 25. 1판 2쇄 발행

지은이 | 정진성, 허은영, 최나홍, 이유현
펴낸이 | 이종춘
펴낸곳 | **BM** 주식회사 **성안당**
주소 | 04032 서울시 마포구 양화로 127 첨단빌딩 5층(출판기획 R&D 센터)
　　　 | 10881 경기도 파주시 문발로 112(제작 및 물류)
전화 | 02) 3142-0036
　　　 | 031) 950-6300
팩스 | 031) 955-0510
등록 | 1973. 2. 1. 제406-2005-000046호
출판사 홈페이지 | **www.cyber.co.kr**
ISBN | 978-89-315-7975-8 (13740)
정가 | **15,000원**

이 책을 만든 사람들
기획 | 최옥현
진행 | 이용화
교정·교열 | 이은정
본문 디자인 | 박혜진
표지 디자인 | 박원석
홍보 | 박연주
국제부 | 이선민, 조혜란, 고운채, 김해영, 김필호
마케팅 | 구본철, 차정욱, 나진호, 이동후, 강호묵
제작 | 김유석